Bodo Müller

# Gewässerkarte Deutschland

## Nordost: Elbe-Oder

## Mit Berlin und Mecklenburg. Gewässern

Edition Maritim

Autor und Verlag übernehmen für Irrtümer, Fehler oder Weglassungen keinerlei Gewährleistung oder Haftung. Die Karte dient zur Orientierung und nicht zur Navigation; sie ersetzt also keinesfalls offizielle Karten.

## Impressum

Die Deutsche Bibliothek – CIP-Einheitsaufnahme
**Gewässerkarte Deutschland.** – Hamburg:
Ed. Maritim (Deutsche Binnengewässer)
Nordost: Elbe – Oder; mit Berlin und den mecklenburgischen Gewässern / Bodo Müller. – 1996
ISBN 3-89225-341-2
NE: Müller, Bodo


Stubbenhuk 10, 20459 Hamburg

Umschlag: Buchholz / Hinsch / Hensinger, Hamburg
Satz: Utesch Satztechnik GmbH, Hamburg
Karten: Jens Rademacher, Hamburg
Fotos: Bodo Müller, Travemünde
Lithografie der Fotos: Winzer, Griebel & Graser, Hamburg
Druck und Bindearbeiten: W. Kohlhammer GmbH, Stuttgart

Titelfoto: Schleuse Regow/Obere Havel-Wasserstraße

Printed in Germany 1996
1. Auflage
ISBN 3-89225-341-2

# Vorwort

Im Nordosten Deutschlands liegt eines der schönsten Wassersportreviere Europas. Schiffbare Seen, Flüsse und Kanäle bilden ein Netz von rund 2500 Kilometern Binnenschiffahrtsstraßen. Das vorliegende Kartenwerk zeigt alle schiffbaren Binnenwasserstraßen zwischen Elbe und Oder sowie zwischen Ostsee und Elbsandsteingebirge. Es ist gedacht als Planungskarte zur Festlegung einer Reiseroute über größere Entfernungen.

Die Kilometrierung der Wasserstraßen ermöglicht ein rasches Ablesen der Distanzen zwischen verschiedenen Orten. Die in den Karten farbig eingezeichneten Schleusen lassen schnell erkennen, wie viele Staustufen zwischen Ausgangs- und Zielhafen liegen.

Im Textteil dieses Bandes finden Sie die Anschriften der für die Gewässer zuständigen Schiffahrtsverwaltungen, die wichtigsten gesetzlichen Bestimmungen zur Kennzeichnung und zu den Bootsführerscheinen sowie die besonderen Verordnungen für den Raum Berlin und Brandenburg.

Wichtig für die Reiseplanung sind die nautischen Daten der auf der Karte dargestellten Wasserstraßen: Länge, geringste Durchfahrtshöhe, Wassertiefe, Zahl der Schleusen und die zulässige Höchstgeschwindigkeit. Ebenso finden Sie in dem entsprechenden Gewässerabschnitt die UKW-Kanäle von Schleusen und Schiffshebewerken sowie Hinweise auf Bootstankstellen.

Bodo Müller, im September 1996

# Inhalt

# Verkehrsordnungen und zuständige Behörden

Bis auf wenige Ausnahmen unterstehen die Binnenschiffahrtsstraßen zwischen Elbe und Oder der Schiffahrtsverwaltung des Bundes. Verwaltungstechnisch heißen sie deshalb Bundeswasserstraßen. Zuständig für die Bundeswasserstraßen in den neuen Bundesländern ist die

Wasser- und Schiffahrtsdirektion Ost
Werderscher Markt
10117 Berlin
Telefon: 030–20 38-35 00

Zuständige Ämter:

Wasser- und Schiffahrtsamt Dresden
Moritzburger Straße 1
01127 Dresden
Telefon: 0351–84 32 50
Zuständigkeitsbereich: Elbe von der tschechischen Grenze (km 0,0) bis zur Saalemündung (km 290,7)

Wasser- und Schiffahrtsamt Magdeburg
Fürstenwallstraße 19/20
39104 Magdeburg
Telefon: 0391–59 45-0
Zuständigkeitsbereich: Elbe von der Saalemündung (km 290,7) bis Dömitz (km 502,25) mit Abstiegskanal und Schiffshebewerk Rothensee; Niegripper Verbindungskanal mit Schleuse Niegripp; Mittellandkanal von km 318,4 bis 321,4; Saale von der Mündung in die Elbe (km 0,0) bis Bad Dürrenberg (km 124,16)

Wasser- und Schiffahrtsamt Lauenburg
Grünstraße 16
21481 Lauenburg
Telefon: 04153–59 40
Zuständigkeitsbereich: Elbe von Dömitz (km 502,25) bis Hamburger Hafengrenze (km 607,5); Ilmenau von Lüneburg (km 0,0) bis zur Mündung in die Elbe (km 28,5); Elbe-Lübeck-Kanal von Lübeck (km 0,0) bis Lauenburg/Elbe (km 61,6); Müritz-Elde-Wasserstraße von Dömitz/Elbe (km 0,0) bis Buchholz (km 183,8) mit Stör-Wasserstraße vom Abzweig aus der Müritz-Elde-Wasserstraße (km 0,0) bis Ende des Schweriner Sees (km 44,0)

Wasser- und Schiffahrtsamt Brandenburg
Beetzseeufer 3
14770 Brandenburg
Telefon 03381–26 60
Zuständigkeitsbereich: Havelkanal von Hennigsdorf (km 0,74) bis Mündung in die Untere Havel-Wasserstraße (UHW) (km 34,9); Potsdamer Havel vom Abzweig aus der UHW (km 0,0) bis Einmündung in die UHW (km 29,9); Untere Havel-Wasserstraße von Potsdam (km 16,4) bis zur Mündung in die Elbe (km 148,5 mit Havel-Mündungsstrecke und Gnevsdorfer Vorfluter; Elbe-Havel-Kanal vom Abzweig aus der Elbe (km 326,7) bis Plauer See (km 382,5); Pareyer Verbindungskanal vom Abzweig aus der Elbe (km 0,0) bis zur Einmündung in den Elbe-Havel-Kanal (km 3,5)

Wasser- und Schiffahrtsamt Berlin
Poststraße 21/22
10178 Berlin
Telefon: 030–29 79-0
Zuständigkeitsbereich: Havel-Oder-Wasserstraße von Spandau (km 0,0) bis Hennigsdorf (km 10,45) mit Nebengewässern; Havelkanal von km 0,0 bis km 0,74; Untere Havel-Wasserstraße von Spandau (km 0,0) bis Potsdam (km 16,2) mit Nebengewässern; Spree-Oder-Wasserstraße von Spandau (km 0,0) bis Eisenhüttenstadt (km 130,2) mit Nebengewässern;

Müggelspree von km 0,0 bis km 11,4; Berlin-Spandauer Schiffahrtskanal von km 0,0 bis km 12,2; Westhafenkanal von km 0,0 bis km 3,0; Charlottenburger Verbindungskanal von km 0,0 bis km 1,7; Britzer Zweigkanal von km 0,0 bis km 3,4; Teltowkanal von km 0,0 bis km 37,8; Landwehrkanal von km 0,0 bis km 10,7; Dahme-Wasserstraße von km 0,0 bis km 25,0 mit Nebengewässern; Storkower Gewässer von km 0,0 bis km 33,4 mit Nebengewässern

Wasser- und Schiffahrtsamt Eberswalde
Grabowstraße 1
16225 Eberswalde-Finow
Telefon: 03334–2 20 53
Zuständigkeitsbereich: Havel-Oder-Wasserstraße von Berlin (km 10,45) bis Hohensaaten (km 93,6) einschließlich Nebengewässern; Hohensaaten-Friedrichsthaler-Wasserstraße (HOW) von Hohensaaten (km 93,0) bis Westoder (km 135,3) mit Schwedter Querfahrt; Obere Havel-Wasserstraße von Neustrelitz (km 0,0) bis zum Oder-Havel-Kanal (km 94,4) einschließlich Nebengewässern; Müritz-Havel-Wasserstraße von der Oberen Havel-Wasserstraße (km 0,0) bis zur Müritz (km 31,8) einschließlich Nebengewässern; Oder von Ratzdorf (km 542,4) bis Garz (km 704,1) mit Westoder von km 0,0 bis km 17,1

Die im westlichen Teil der Karte dargestellten Bundeswasserstraßen Elbe-Seitenkanal und Mittellandkanal (km 230,2 bis 318,4) unterstehen nicht mehr der WSD Ost, sondern der

Wasser- und Schiffahrtsdirektion Mitte
Am Waterlooplatz 5
30169 Hannover
Tel. 0511–9 11 50.

Zuständiges Amt:

Wasser- und Schiffahrtsamt Uelzen
Greyerstr. 12
29525 Uelzen
Tel. 0581–170 01-03.

*Auf der Müritz-Elde-Wasserstraße vor der Schleuse Findenwirunshier.*

Binnengewässer, die nicht in den Katalog der Bundeswasserstraßen aufgenommen worden sind, unterstehen als Landesgewässer der Schiffahrtsverwaltung der Länder. In den meisten Fällen handelt es sich um Seen oder Endgewässer. Als Landesgewässer eingestuft sind auch die schiffbare obere Saale sowie die Unstrut. Die dafür zuständigen Ämter sind:

Staatliches Umweltamt Halle
Amtsbereich Merseburg
Weißenfelser Str. 2
06217 Merseburg
Telefon: 03461–20 20 74
Zuständigkeitsbereich: obere Saale ab Bad Dürrenberg (km 124,16/ Ende der Bundeswasserstraße) aufwärts bis zur Unstrut-Mündung (km 160,86/Ende der Schiffbarkeit)

Staatliches Umweltamt Halle
Amtsbereich Sangerhausen/Sitz Artern
Reinsdorfer Str. 1
06556 Artern
Telefon: 03466–30 24 64
Zuständigkeitsbereich: schiffbare Unstrut von der Mündung in die Saale bis zum Ende der Schiffbarkeit (Nähe Artern).

# Verkehrsvorschriften

Auf den auf der Karte dargestellten Bundeswasserstraßen gilt die Binnenschiffahrtsstraßen-Ordnung (BinSchStrO) in der jeweils geltenden Fassung.
Sowohl in Mecklenburg-Vorpommern als auch in Brandenburg gibt es einige wenige Landesgewässer (zumeist Seen und Endgewässer), die der schiffahrtspolizeilichen Gesetzgebung der jeweiligen Länder unterstehen. Entsprechende Landesschiffahrtsverordnungen (die teilweise noch erarbeitet werden) für diese Gewässer können von der BinSchStrO abweichen. Alle nachfolgenden Aussagen beziehen sich darum auf die Bundeswasserstraßen.

*Waren an der Müritz: Charterstützpunkt der Firma Kuhnle-Tours.*

# Kennzeichnung

Auf den Bundeswasserstraßen Elbe, Oder und Saale sowie auf den sonstigen Binnenschifffahrtsstraßen, auf denen die Binnenschiffahrtsstraßen-Ordnung gilt, besteht Kennzeichnungspflicht für Kleinfahrzeuge (Wasserfahrzeuge, deren Schiffskörper ohne Ruder und Bugspriet weniger als 20 m lang ist). Rechtsgrundlage ist die „Verordnung über die Kennzeichnung von auf Binnenschiffahrtsstraßen verkehrenden Kleinfahrzeugen" vom 21. Februar 1995.

Danach müssen alle Kleinfahrzeuge mit Antriebsmaschine, deren effektive Nutzleistung mehr als 2,21 kW (3 PS) beträgt, und alle Wasserfahrzeuge über 5,50 m Länge, die nur unter Segel fortbewegt werden können, ein amtliches oder amtlich anerkanntes Kennzeichen führen.

Amtliche Kennzeichen werden von allen deutschen Wasser- und Schiffahrtsämtern auf Antrag vergeben. Das Kennzeichen besteht aus den Kennbuchstaben des zuteilenden Wasser- und Schiffahrtsamtes sowie Buchstaben und Ziffern, die mit Bindestrich angeschlossen werden.

Nach Landesrecht zugeteilte Kennzeichen dürfen auf Bundeswasserstraßen geführt werden, wenn sie vom Bundesminister für Verkehr anerkannt worden sind. Dazu gehören beispielsweise die von den Landratsämtern am Bodensee erteilten Kennzeichen.

Als amtliche Kennzeichen im Sinne der Kennzeichnungsverordnung Binnen gelten auch:

– bei einem im Binnenschiffsregister eingetragenen Kleinfahrzeug seine im Schiffsbrief ausgewiesene Schiffsregisternummer gefolgt vom Kennbuchstaben „B" sowie Bootsname und Heimat- oder Registerort;

– bei einem im Seeschiffsregister eingetragenen Kleinfahrzeug sein Funkrufzeichen oder seine Seeschiffsregisternummer (mit Schiffsname und Heimathafen) oder seine IMO-Nummer;

– die Nummer des Flaggenzertifikats des Bundesamtes für Seeschiffahrt und Hydrographie (BSH) gefolgt vom Kennbuchstaben „F";

Anträge auf Ausstellung des Flaggenzertifikates erhält man beim:

Bundesamt für Seeschiffahrt und Hydrographie (BSH)
Postfach 30 12 20
20305 Hamburg.

Anstelle der amtlichen Kennzeichen können auch amtlich anerkannte Kennzeichen geführt werden. Amtlich anerkannte Kennzeichen bestehen aus der Nummer des Internationalen Bootsscheins für Wassersportfahrzeuge gefolgt von dem Kennbuchstaben der zuteilenden Organisation. Dabei erhält der Deutsche Motoryachtverband (DMYV) den Kennbuchstaben „M", der Deutsche Segler-Verband (DSV) den Kennbuchstaben „S" und der Allgemeine Deutsche Automobilclub (ADAC) den Kennbuchstaben „A".

Anschriften der Organisationen, die den Internationalen Bootsschein ausstellen dürfen:

Deutscher Motoryachtverband (DMYV)
Gründgensstraße 18
22309 Hamburg

Deutscher Segler-Verband (DSV)
Gründgensstraße 18
22309 Hamburg

Allgemeiner Deutscher Automobilclub (ADAC)
Referat Sportschiffahrt
Am Westpark 8
81373 München

# Bootsführerscheine

Auf den Bundeswasserstraßen besteht Führerscheinpflicht für Boote mit weniger als 15 Kubikmeter Wasserverdrängung, die mit einer Antriebsmaschine von mehr als 3,68 kW (5 PS) angetrieben werden.
Die Schiffsführer solcher Boote müssen im Besitz des Sportbootführerscheins Binnen sein. Die nach früheren Vorschriften der DDR erteilten Befähigungsnachweise für Sport- und Hausboote werden als Sportbootführerscheine unbefristet anerkannt.
Zum Führen von Sportbooten mit mehr als 15 und weniger als 60 Kubikmeter Wasserverdrängung und einer Antriebsmaschine von mehr als 3,68 kW (5 PS) ist das Sportschifferzeugnis erforderlich.

### Besondere Vorschriften in Berlin

Im Bundesland Berlin besteht Führerscheinpflicht (Sportbootführerschein Binnen) für alle Sportboote mit Antriebsmaschine sowie Segelboote mit einer Segelfläche von mehr als 3 $m^2$.
Keinen Sportbootführerschein im Land Berlin benötigen Führer von Sportbooten unter Segel und von Sportmotorbooten mit einer Antriebsleistung von weniger als 3,69 kW, wenn sie außerhalb von Berlin ihren Wohnsitz haben und sich im Land Berlin nicht länger als ein Jahr aufhalten.

### Sonderbestimmungen für Kleinfahrzeuge

– Auf Kanälen ist das Segeln verboten.
– Kleinfahrzeuge müssen auf Kanälen, in engen Fahrwassern und auf unübersichtlichen Gewässerabschnitten grundsätzlich rechts fahren.
– Ein schleppendes Kleinfahrzeug darf höchstens 9 Kleinfahrzeuge im Anhang führen. Es dürfen höchstens 3 Kleinfahrzeuge gekoppelt fahren.
– Kleinfahrzeuge brauchen bei Nacht kein weißes Licht zu führen, wenn sie an genehmigten Liegestellen stilliegen.
– Unbemannte Kleinfahrzeuge dürfen nur an genehmigten Liegestellen stilliegen.
– Auf der Spree-Oder-Wasserstraße von km 14,5 (Humboldthafen) bis km 20,7 (Oberbaumbrücke) ist der Verkehr für Kleinfahrzeuge ohne Maschinenantrieb nicht gestattet.
– Das Befahren des Gosener Grabens ist Kleinfahrzeugen mit Maschinenantrieb nicht gestattet.
– Das Befahren von Wasserflächen, die durch gelbe Tonnen mit senkrecht stehenden zylindrischen Toppzeichen gekennzeichnet sind, ist für alle Fahrzeuge und Schwimmkörper verboten.

### Schleusen

Fahrzeuge der Berufsschiffahrt haben generell Vorrang. Das Überholen im Schleusenbereich ist nicht gestattet. Den Anweisungen des Personals ist Folge zu leisten. Während der Schleusung ist das Boot festzumachen und der Motor abzustellen.
Schleusungen auf Bundeswasserstraßen sind kostenlos, da die Gebühren pauschal von den Wassersportverbänden bezahlt werden.

### Sonderregelungen für Berlin und Brandenburg

Das Bundesministerium für Verkehr hat mit Wirkung vom 23. Mai 1995 gemeinsam mit dem Bundesministerium für Umwelt, Naturschutz und Reaktorsicherheit eine Verordnung über das Fahren mit Sportfahrzeugen auf Binnenwasserstraßen im Zuständigkeitsbereich der Wasser- und Schiffahrtsdirektion Ost in Kraft gesetzt.

Mit der Verordnung werden Geschwindigkeits- und Befahrenseinschränkungen für Sportfahrzeuge mit Verbrennungsmotor auf bestimmten Binnenschiffahrtsstraßen in den Ländern Berlin und Brandenburg festgesetzt, um Anlieger und Erholungssuchende vor Lärm zu schützen.

Die neuen Vorschriften für Sportfahrzeuge mit Verbrennungsmotor gelten auf den nachstehenden Bundeswasserstraßen:

– Untere Havel-Wasserstraße von km 4,0 (Pichelsdorfer Gemünd) bis km 20,1 (Nedlitz) einschließlich Scharfe Lanke, Großer Wannsee und Jungfernsee, Krampnitzsee und Lehnitzsee, Sacrower Lanke.

– Potsdamer Havel von km 6,85 (Autobahnbrücke) bis km 29,92 (Krughorn) einschließlich Tiefer See, Templiner See, Petzinsee, Schwielowsee, Glindowsee und Großer Zernsee.

– Teltowkanal von km 0,0 bis km 3,3 einschließlich Glienicker Lake und Griebnitzsee.

– Prinz-Friedrich-Leopold-Kanal (Griebnitzkanal) von km 0,0 bis km 3,5 einschließlich Kleiner Wannsee, Pohlesee und Stölpchensee.

– Havel-Oder-Wasserstraße von km 0,58 (Schleuse Spandau) bis km 10,4 (Abzweig

*Die Marina Rechlin im geschützten Classee an der Müritz.*

Havelkanal) einschließlich Tegeler See und Nieder-Neuendorfer See.
– Spree-Oder-Wasserstraße von km 33,25 (Lange Brücke) bis km 45,1 (Einfahrt Spree-Oder-Kanal) einschließlich Langer See, Große Krampe, Seddinsee, Gosener Kanal und Gosener Graben.
– Müggelspree von km 0,0 bis km 11,39 einschließlich Köpenicker Alte Spree, Großer und Kleiner Müggelsee und Die Bänke;
– Rüdersdorfer Gewässer von km 0,0 bis km 7,8 (Autobahnbrücke) einschließlich Dämeritzsee, Flakensee und Kalksee.
– Dahme-Wasserstraße von km 0,0 bis km 25,0 einschließlich Zeuthener See, Wernsdorfer Seenkette, Sellenzugsee, Möllenzugsee, Krimnicksee, Krüpelsee, Zernsdorfer Lanke und Dolgensee.
– Werbellinsee.

**1. Höchstgeschwindigkeiten**

a) Auf Seen und seeartigen Erweiterungen mit einer Gewässerbreite von mehr als 250 m gilt eine Geschwindigkeitsbegrenzung von 8 km/h.
b) Davon abweichend darf
– auf der Unteren Havel-Wasserstraße von km 4,0 bis km 13,0 innerhalb der betonnten Fahrrinne von 5 bis 22 Uhr 25 km/h und von 22 bis 5 Uhr 12 km/h gefahren werden;
– auf folgenden Seen und seeartigen Erweiterungen mit einer Breite von mehr als 250 m außerhalb des ufernahen Schutzstreifens (100 m Uferabstand) von 5 bis 12 Uhr sowie von 15 bis 22 Uhr 25 km/h gefahren werden;

*Stiller Liegeplatz im Bolter Kanal.*

– Großer Müggelsee innerhalb der gekennzeichneten Fahrrinne,
– Großer Wannsee,
– Jungfernsee,
– Tiefer See,
– Templiner See,
– Schwielowsee,
– Großer Zernsee,
– Spree-Oder-Wasserstraße von km 37,0 bis km 45,0 mit Seddinsee,
– Untere Havel-Wasserstraße von km 15,5 bis km 20,1,
– Dämeritzsee, Flakensee, Kalksee,
– Zeuthener See,
– Werbellinsee.

Ergänzend zu dieser Verordnung wurde mit Wirkung vom 15. März 1996 die Höchstgeschwindigkeit für Sportfahrzeuge mit Verbrennungsmotor auf nachfolgenden Wasserstraßenabschnitten auf 12 km/h festgesetzt:
– Havel-Oder-Wasserstraße von km 0,58 (Schleuse Spandau) bis km 10,4 (Abzweig Havelkanal) einschließlich Tegeler See und Nieder-Neuendorfer See.
– Spree-Oder-Wasserstraße von km 33,25 (Lange Brücke) bis km 37,0 (Regattastrecke).
– Dahme-Wasserstraße von km 3,8 (Rauchfangswerder) bis km 25,0 (Dolgenbrodt) einschließlich Wernsdorfer Seenkette, Sellenzugsee, Möllenzugsee, Krimnicksee, Krüpelsee, Zernsdorfer Lanke und Dolgensee.
– Untere Havel-Wasserstraße von km 13,0 bis km 15,5 (Meedehorn) einschließlich Sacrower Lanke und Havelarm südlich der Pfaueninsel.

Die Höchstgeschwindigkeit von 12 km/h gilt auf der gesamten Wasserfläche der aufgeführten Wasserstraßenabschnitte, soweit Schiffahrtszeichen keine geringere Höchstgeschwindigkeit vorschreiben.

**2. Verkehrsbeschränkungen**

a) Auf dem Müggelsee gilt außerhalb der gekennzeichneten Fahrrinne für Sportfahrzeuge mit Verbrennungsmotor ein Fahrverbot mit Erlaubnisvorbehalt für Anlieger.
b) Auf nachfolgenden Seen besteht für Sportfahrzeuge mit Verbrennungsmotor von 22 bis 5 Uhr ein Nachtfahrverbot mit Erlaubnisvorbehalt für Anlieger:
– Glindowsee,
– Petzinsee,
– Krampnitz- und Lehnitzsee,
– Scharfe Lanke,
– Sacrower Lanke,
– Nieder-Neuendorfer See ab km 10,0,
– Große Krampe,
– Die Bänke,
– Kleiner Müggelsee,
– Kalksee,
– Tegeler See,
– Werbellinsee,
– Zernsdorfer Lanke.

# Daten der Wasserstraßen

Die *geringste Durchfahrtshöhe* bezeichnet die lichte Höhe des niedrigsten Bauwerks über der angegebenen Strecke. Bei staugeregelten Gewässern und Kanälen wurde als Bezugsgröße der Normalstau (Nost) bzw. der Mittlere Wasserstand (MW) verwendet. Bei wasserstandsabhängigen Strecken (Flüsse) diente der höchstschiffbare Wasserstand (HSW) als Bezugsgröße.
Hinter dem Begriff *Wassertiefe* verbirgt sich die amtlich festgelegte höchstzulässige Abladetiefe (Tiefgang). Bei einigen Fließgewässern steht dort die Bezeichnung „wasserstandsabhängig" (z.B. bei den Flüssen Elbe, Saale und Oder). In solchen Fällen können aufgrund witterungsbedingter Wasserstandsschwankungen keine festen Werte angegeben werden. Im Zweifelsfall muß die Wassertiefe beim zuständigen Wasser- und Schiffahrtsamt abgefragt werden.
Bitte beachten Sie, daß auch auf staugeregelten Gewässern und Kanälen Wassertiefe und Durchfahrtshöhe witterungsbedingt variieren können. Eine Gewähr für die nachfolgend angegebenen Daten wird nicht übernommen.

## Mecklenburgische Wasserstraßen

### Obere Havel-Wasserstraße (OHW) einschl. Malzer Kanal

**Von der Mündung in die Havel-Oder-Wasserstraße bis Neustrelitz**

*Länge:* 97 km
*Schleusen:* 11

| Schleuse | km | UKW-Kanal |
|---|---|---|
| Liebenwalde (Malzer Kanal) | 45,3 | |
| Bischofswerder | 4,5 | |
| Zehdenick | 15,9 | |
| Schorfheide | 32,6 | |
| Zaaren | 36,1 | |
| Bredereiche | 47,8 | |
| Fürstenberg | 60,7 | |
| Steinhavel | 64,3 | |
| Wesenberg | 81,7 | |
| Voßwinkel | 88,0 | |

*Geringste Durchfahrtshöhe:* 3,2 m
*Wassertiefe:* 1,40 m
*Zulässige Höchstgeschwindigkeit:* 6 km/h; von Kreuzbruch bis km 23,5: 9 km/h.
*Tankstellen am Wasser:*
**km 16,3 LU:** Dieseltankstelle Marina Zehdenick. Täglich 8–20 Uhr. Gäste der Marina können Benzin aus Kanistern tanken. Tel. 03307–31 03 51 oder –23 54.
**km 24,6 LU:** Dieseltankstelle Charterbasis Kuhnle-Tours. Werktags 9–16 Uhr; Sa 8–18 Uhr; So nach Voranmeldung. Tel. 033080-6 05 07.
**km 94,4 RU:** Im Bootshafen des Wassersportvereins Einheit Neustrelitz kann nach Absprache die mobile Dieseltankstelle der Fa. Chartertours Holger Hansen genutzt werden. Tel. 0395–566 60 92 oder 0161–421 3205.

### Wentow-Gewässer

**Von der Mündung in die Obere Havel-Wasserstraße bis Seilershof**

*Länge:* 11 km
*Schleusen:* 1 (Schleuse Marienthal; km 0,4)
*Durchfahrtshöhe:* 3,90 m, aber Eisenbahnbrücke Dannenwalde nur ca. 1,80 m!

*Wassertiefe:* 1,20 m
*Zulässige Höchstgeschwindigkeit:* 6 km/h
*Tankstellen am Wasser:* keine.

## Templiner Gewässer

**Von der Mündung in die Obere Havel-Wasserstraße bis Zaarsee**

*Länge:* 22 km
*Schleusen:* 2

| Schleuse | km | UKW-Kanal |
|---|---|---|
| Kannenburg | 3,6 | |
| Templin | 13,6 | |

(Schleuse Templin z. Zt. nicht betriebsfähig!)

*Geringste Durchfahrtshöhe:* 3,40 m
*Wassertiefe:* 1,20 m
*Zulässige Höchstgeschwindigkeit:* 6 km/h
*Tankstellen am Wasser:* keine.

## Lychener Gewässer

**Von Lychen bis zur Mündung in die Obere Havel-Wasserstraße**

*Länge:* 8,3 km
*Schleusen:* 1 (Schleuse Himmelpfort, km 0,3)
*Geringste Durchfahrtshöhe:* 3,75 m
*Wassertiefe:* 1,20 m
*Zulässige Höchstgeschwindigkeit:* 6 km/h
*Tankstellen am Wasser:* keine.

## Müritz-Havel-Wasserstraße

**Von der Abzweigung aus der Müritz-Elde-Wasserstraße bis zur Mündung in die Obere Havel-Wasserstraße**

*Länge:* 32 km
*Schleusen:* 4

| Schleuse | km | UKW-Kanal |
|---|---|---|
| Strasen | 2,7 | |
| Canow | 9,5 | |
| Diemitz | 13,2 | |
| Mirow | 22,2 | |

*Geringste Durchfahrtshöhe:* 4,00 m
*Wassertiefe:* 1,40 m
*Zulässige Höchstgeschwindigkeit:* 6 km/h
*Tankstellen am Wasser:* keine.

## Rheinsberger Gewässer

**Von der Mündung in den Kleinen Pälitzsee bis Rheinsberg einschließlich Dolgowsee**

*Länge:* 8,3 km
*Schleusen:* 1 (Schleuse Wolfsbruch, km 2,4)
*Geringste Durchfahrtshöhe:* 3,75 m
*Wassertiefe:* 1,25 m
*Zulässige Höchstgeschwindigkeit:* 8 km/h, auf Seen 12 km/h
*Tankstellen am Wasser:* keine.

## Zechliner Gewässer

**Von der Abzweigung aus den Rheinsberger Gewässern bis Zechlin**

*Länge:* 8,2 km
*Schleusen:* keine
*Geringste Durchfahrtshöhe:* 3,50 m
*Wassertiefe:* 1,40 m
*Zulässige Höchstgeschwindigkeit:* 8 km/h, auf Seen 12 km/h
*Tankstellen am Wasser:* keine.

## Müritz-Elde-Wasserstraße

**Von der Mündung in die Elbe (Dömitz) bis Buchholz**

*Wasserwander-Rastplatz „Eldekrug" an der Müritz-Elde-Wasserstraße.*

*Länge:* 183,8 km
*Schleusen:* 17

| Schleuse | km | UKW-Kanal |
|---|---|---|
| Dömitz | 0,9 | |
| Neu Kaliß | 4,9 | |
| Findenwirunshier | 5,8 | |
| Malliß | 9,5 | |
| Eldena | 18,0 | |
| Güritz | 22,7 | |
| Grabow | 30,8 | |
| Hechtsforth | 34,8 | |
| Neustadt-Glewe | 46,2 | |
| Lewitz | 50,6 | |
| Garwitz | 60,7 | |
| Parchim | 72,1 | |
| Neuburg | 83,3 | |
| Lübz | 98,9 | |
| Bobzin | 103,8 | |
| Barkow | 114,0 | |
| Plau | 120,0 | |

*Geringste Durchfahrtshöhe:* 3,55 m
*Wassertiefe:* 1,20 m
*Zulässige Höchstgeschwindigkeit:* 6 km/h
*Tankstellen am Wasser:*

**km 0,8 (Stadthafen Dömitz):** Kraftstoff (alle Sorten) kann telefonisch unter der Rufnummer 038758–2786 von der Minol-Straßentankstelle an der B 191 angefordert werden. Bestellungen bitte zwischen 10 und 20 Uhr aufgeben.

**km 9,6 (Campingplatz Wiesengrund):** Im Ziegeleikanal (oberhalb Schleuse Malliß) werden am Campingplatz von Anne und Volker Sielaff Benzin und Diesel in Kanistern für Wasserwanderer bereit gehalten. Tel. 038750–2 03 24.

**km 11,6 (Bootsanleger Neu Göhren):** Benzin und Diesel hält Katrin Höffler, Besitzerin des Bootsanlegers, in der Saison für Wasserwanderer bereit. Tel. 038755–2 03 09.

**km 98,9 (Stadtmarina Lübz):** Benzin und Diesel aus Fässern. Tel. 038731–2 24 28.

**km 121,0 (Segelschule Plau):** Benzin und Diesel aus Fässern. Tel. 038735–25 39.
**Stadthafen Waren/Müritz:** Freitags, samstags und montags von etwa 8 bis 10.30 Uhr werden die Charterschiffe von Kuhnle-Tours aus einem Diesel-Tanklastzug betankt. Zu dieser Zeit können auch Boote von Gästen betankt werden.
**Hafen Müritz Hotel Klink:** Bei der Charterfirma Sail Point gibt es Benzin und Diesel aus Fässern. Tel. 03991–14 19 77.
**Müritz-Marina Sietow-Dorf:** Benzin und Diesel aus Fässern. Tel. 039931–5 08 88.
**Marina Rechlin:** Diesel-Tankwagen beim Vercharterer Kuhnle-Tours. Tel. 039823–2 11 07.

## Stör-Wasserstraße

### Von der Mündung in die Müritz-Elde-Wasserstraße bis Hohen Viecheln

*Länge:* 44 km
*Schleusen:* 1 (Schleuse Banzkow, km 10,9)
*Geringste Durchfahrtshöhe:* 4,17 m
*Wassertiefe:* 1,20 m
*Zulässige Höchstgeschwindigkeit:* 6 km/h
*Tankstellen am Wasser:* keine.

# Wasserstraßen Mecklenburg-Vorpommersche Ostseeküste

## Uecker

### Von der Mündung in das Kleine Haff bis Ueckermünde

*Länge:* 2,6 km
*Schleusen:* keine
*Geringste Durchfahrtshöhe:* keine Brücken
*Wassertiefe:* 3,50 m
*Zulässige Höchstgeschwindigkeit:* 12 km/h
*Tankstellen am Wasser:*
**Stadthafen Ueckermünde:** Tankstelle Siegfried Bauer; nur Diesel. Mo-Fr von 7–12 und 13–16.30 Uhr, Sa und So nach Absprache. Tel. 039771–2 26 39.
**Yachthafen Ueckerkopf:** Tankstelle, Benzin und Diesel. Durchgehend geöffnet. Tel. 039771–2 26 60.

## Uecker/Randow

### Von Ueckermünde bis Eggesin

*Länge:* 8,5 km
*Schleusen:* keine
*Geringste Durchfahrtshöhe:* 1,85 m
*Wassertiefe:* 1,30 m
*Zulässige Höchstgeschwindigkeit:* 6 km/h
*Tankstellen am Wasser:* keine.

## Peene

### Von der Mündung in den Peenestrom bis Malchin

*Länge:* 104 km
*Schleusen:* keine
*Geringste Durchfahrtshöhe:* 4,50 m
*Wassertiefe:* 2,00 m von der Mündung bis Demmin; 1,80 m von Demmin bis Malchin
*Zulässige Höchstgeschwindigkeit:* 12 km/h
*Tankstellen am Wasser:* keine.

## Ryck

### Von der Mündung in den Greifswalder Bodden bis Greifswald

*Länge:* 5,6 km
*Schleusen:* keine
*Geringste Durchfahrtshöhe:* eine bewegliche Brücke

*Wassertiefe:* 4,00 m
*Zulässige Höchstgeschwindigkeit:* 12 km/h
*Tankstellen am Wasser:*
**Greifswald-Wieck:** Bootstankstelle, nur Diesel. Mo–Fr 7–16 Uhr; Sa und So 8–12 Uhr. Tel. 03834–84 01 16.
**Greifswald-Ladebow:** Yachtservice Redmer und Wilke, nur Diesel. Täglich 8–19 Uhr. Tel. 03834–84 33 92.
**Greifswald-Stadt:** Yachtzentrum Greifswald, nur Diesel. Mo–Fr 7–19 Uhr; Sa 8–18 Uhr; So nach Absprache. Tel. 03834–39 15.

## Unterwarnow

### Von der Mündung in die Ostsee bis Rostock

*Länge:* 12 km
*Schleusen:* keine
*Geringste Durchfahrtshöhe:* keine Brücken
*Wassertiefe:* 4,50 m
*Zulässige Höchstgeschwindigkeit:* unbegrenzt
*Tankstellen am Wasser:*
**Yachthafen Warnemünde:** Diesel und Benzin. Täglich 8–22 Uhr. Tel. 0381–5 29 72.
**Rostock-Marienehe:** Diesel und Super bleifrei. Mo–Fr 9–18 Uhr; Sa 9–16 Uhr; So 9–12 Uhr oder nach Absprache.

## Warnow

### Mündung in die Unterwarnow bis Mühlendammschleuse

*Länge:* 2,2 km
*Schleusen:* 1 (Mühlendammschleuse; km 2,2)
*Geringste Durchfahrtshöhe:* 4,00 m
*Wassertiefe:* 1,50 m bis Mühlendammschleuse

*Einmündung der Oberen Spree-Wasserstraße in den Schwielochsee.*

*Zulässige Höchstgeschwindigkeit:* 15 km/h bis Mühlendammschleuse
*Tankstellen am Wasser:* keine.

# Märkische Wasserstraßen

Achtung: Im Bundesland Berlin und den angrenzenden Wasserstraßen des Landes Brandenburg bestehen auf einigen Gewässerabschnitten Abweichungen zu den nachfolgend angegebenen Höchstgeschwindigkeiten sowie lokale Verkehrsbeschränkungen. Bitte beachten Sie dazu der Abschnitt „Sonderregelungen für Berlin und Brandenburg" in diesem Buch!

## Elbe-Havel-Wasserstraße mit Niegripper Verbindungskanal

**Von der Mündung in die Elbe bis zur Mündung in die Untere Havel-Wasserstraße**

*Länge:* 58 km
*Schleusen:* 3

| Schleuse | km | UKW-Kanal |
|---|---|---|
| Niegripp | 0,7 | 22 |
| Zerben | 345,4 | 20 |
| Wusterwitz | 376,8 | 18 |

*Geringste Durchfahrtshöhe:* 4,47 m
*Wassertiefe:* wasserstandsabhängig; im Kanal 2,00 m
*Zulässige Höchstgeschwindigkeit:* 9 km/h
*Tankstellen am Wasser:*
**km 361,5 LU (Ortslage Genthin):** Bunkerschiff „Genthin"; nur Diesel. Im Sommer meist auf Liegeplatz bei km 364,0 RU. Mo–Fr 8–17 Uhr oder nach Absprache. Tel. 0161-1 64 47 64.

## Pareyer Verbindungskanal

**Von der Mündung in die Elbe bis Abzweig in den Elbe-Havel-Kanal**

*Länge:* 3,5 km
*Schleusen:* 1 (Schleuse Parey; km 0,8; UKW-Kanal 78)
*Geringste Durchfahrtshöhe:* 4,30 m
*Wassertiefe:* wasserstandsabhängig
*Zulässige Höchstgeschwindigkeit:* 6 km/h
*Tankstellen am Wasser:* keine.

## Untere Havel-Wasserstraße

**Von der Spreemündung (Spandau) bis zur Mündung in die Elbe**

*Länge:* 149 km
*Schleusen:* 6

| Schleuse | km | UKW-Kanal |
|---|---|---|
| Vorstadtschleuse Brandenburg | 55,6 | 20 |
| Bahnitz | 82,0 | 78 |
| Hauptschleuse Rathenow | 103,3 | 79 |
| Grütz | 117,0 | 22 |
| Garz | 129,0 | 20 |
| Havelberg | 147,1 | 18 |

*Geringste Durchfahrtshöhe:* 3,98 m
*Wassertiefe:* wasserstandsabhängig
*Zulässige Höchstgeschwindigkeit:* 9 km/h; 12 km/h von km 0,0 bis km 17,8 und von km 82 bis km 147 für Talfahrer
*Tankstellen am Wasser:*
**km 1,50 RU (Berlin-Spandau):** Bunkerboote „Shell 5" und „Aral 13"; nur Diesel. Mo–Fr 7.30–16 Uhr; Sa 8–12 Uhr; So nach Absprache. Tel. 030-3 31 50 17 oder 3 31 70 82, 3 31 50 34, 0172-3 09 70 72, 0172-3 00 02 26.

**km 4,30 RU (Berlin-Spandau):** Tankstelle Marina Lanke-Werft; Diesel, Super verbleit, Super bleifrei. Täglich 10–20 Uhr. Tel. 030–3 61 50 66 oder 3 61 00 14.
**km 57,50 RU (Silokanal Brandenburg):** Tankstelle „Zetan", nur Diesel. Nur nutzbar, wenn Silokanal für Sportboote freigegeben ist; Mindestabnahme 100 Liter. Mo–Fr 6–16 Uhr; Sa, So nach Absprache. Tel. 0161–4 31 01 04.

## Hohennauener Wasserstraße

**Von der Mündung in die Untere Havel-Wasserstraße bis Ferchesar**

*Länge:* 10,4 km
*Schleusen:* keine
*Geringste Durchfahrtshöhe:* 5,00 m
*Wassertiefe:* wasserstandsabhängig
*Zulässige Höchstgeschwindigkeit:* 6 km/h
*Tankstellen am Wasser:* keine.

## Rathenower Havel

**Vom Abzweig aus der Unteren Havel-Wasserstraße bis zur Mündung in diese**

*Länge:* 4 km
*Schleusen:* 1 (Stadtschleuse Rathenow)
*Geringste Durchfahrtshöhe:* 4,51 m
*Wassertiefe:* wasserstandsabhängig
*Zulässige Höchstgeschwindigkeit:* 6 km/h
*Tankstellen am Wasser:* keine.

## Brandenburger Niederhavel

**Abzweigung aus der Unteren Havel-Wasserstraße bis Mündung in diese**

*Länge:* 9,1 km
*Schleusen:* keine
*Geringste Durchfahrtshöhe:* 4,30 m
*Wassertiefe:* wasserstandsabhängig
*Zulässige Höchstgeschwindigkeit:* 6 km/h
*Tankstellen am Wasser:*
**km 58,70:** Tankstelle Dieter Hohmann; Diesel, Benzin, Super bleifrei. Täglich 9–18 Uhr. Tel. 03381–66 01 66.

## Brandenburger Stadtkanal

**Abzweigung aus der Unteren Havel-Wasserstraße bis Mündung in die Brandenburger Niederhavel**

*Länge:* 4,2 km
*Schleusen:* 1 (Sportbootschleuse Brandenburg)
*Geringste Durchfahrtshöhe:* 2,90 m
*Wassertiefe:* wasserstandsabhängig
*Zulässige Höchstgeschwindigkeit:* 6 km/h
*Tankstellen am Wasser:* keine.

## Beetzsee-Riewendsee-Wasserstraße

**Mündung in den Silokanal bis Päwesiner Streng**

*Länge:* 18 km
*Schleusen:* keine
*Geringste Durchfahrtshöhe:* 5,00 m
*Wassertiefe:* wasserstandsabhängig
*Zulässige Höchstgeschwindigkeit:* 6 km/h
*Tankstellen am Wasser:* keine.

## Potsdamer Havel

**Mündung in die Untere Havel-Wasserstraße bis Abzweig aus dieser (Jungfernsee)**

*Länge:* 30 km
*Schleusen:* keine
*Geringste Durchfahrtshöhe:* 4,90 m
*Wassertiefe:* wasserstandsabhängig
*Zulässige Höchstgeschwindigkeit:* 12 km/h

*Tankstellen am Wasser:*
**km 26,50 RU (Potsdam, unterhalb Humboldtbrücke):** Tankstelle Weiße Flotte, nur Diesel. Mo–Fr 10–18 Uhr, Sa 10–13 Uhr, So 14–19 Uhr. Tel. 0331–29 20 22.
**km 23,70 RU (Potsdam, Auf dem Kiewitt):** Bootsmotorencenter Zweig, Diesel und Super bleifrei. Mo–Fr 10–18 Uhr, Sa und So 8–18 Uhr.

## Havelkanal

### Abzweigung aus der Havel-Oder-Wasserstraße bis Mündung in die Untere Havel-Wasserstraße

*Länge:* 35 km
*Schleusen:* 1 (Schleuse Schönwalde; km 8,8; UKW-Kanal 81)
*Geringste Durchfahrtshöhe:* 4,70 m
*Wassertiefe:* 2,00 m
*Zulässige Höchstgeschwindigkeit:* 6 km/h
*Tankstellen am Wasser:* keine.

## Prinz-Friedrich-Leopold-Kanal (Griebnitzkanal)

### Griebnitzsee bis Großer Wannsee

*Länge:* 3,9 km
*Schleusen:* keine
*Geringste Durchfahrtshöhe:* 5,03 m
*Wassertiefe:* 1,30 m
*Zulässige Höchstgeschwindigkeit:* 7 km/h
*Tankstellen am Wasser:* keine.

## Teltowkanal mit Britzer Verbindungskanal

### Abzweig aus der Spree-Oder-Wasserstraße bis Mündung in die Glienicker Lake

*Länge:* 32 km
*Schleusen:* 1 (Schleuse Kleinmachnow; km 8,3; UKW-Kanal 18)
*Geringste Durchfahrtshöhe:* 4,40 m
*Wassertiefe:* 1,75 m
*Zulässige Höchstgeschwindigkeit:* 7 km/h
*Tankstellen am Wasser:* keine.

## Havel-Oder-Wasserstraße mit Spandauer Havel

### Spreemündung Spandau bis zur Mündung in die Oder bei Hohensaaten

*Länge:* 94 km
*Schleusen:* 3; 1 Schiffshebewerk

| Schleuse | km | UKW-Kanal |
|---|---|---|
| Spandau (z. Zt. außer Betrieb) | 0,6 | |
| Lehnitz | 28,6 | 18 |
| Schiffshebewerk Niederfinow | 77,9 | 22 |
| Hohensaaten Ost bzw. West | 92,5 | 20 |

*Geringste Durchfahrtshöhe:* 4,00 m
*Wassertiefe:* 2,00 m
*Zulässige Höchstgeschwindigkeit:* 9 km/h
*Tankstellen am Wasser:*
**km 1,50 RU (oberh. Schleuse Spandau, gegenüber Insel Eiswerder):** Tankstelle Müritzsee, nur Diesel.
Mo–Fr 7–19 Uhr; Sa und So 8–17 Uhr. Tel. 030–3366025 oder 0161–1 21 71 58.
**km 4,10 LU (Tegel-Ort/Einfahrt Tegeler See):** Tankstelle Otto Borchardt, Diesel, Benzin, Super verbleit. Mo–Fr 7–13 und 15–19 Uhr; Sa und So 9–19 Uhr. Tel. 030–4 31 16 98.
**km 91,60 RU (Hohensaaten):** Dieseltankstelle. Mo–Fr 7–15.30 Uhr; Sa und So nach Absprache. Tel. 033368–2 16 oder 0161–1 31 08 24.

## Veltener Stichkanal

**Mündung in die Havel-Oder-Wasserstraße bis Hafen Velten**

*Länge:* 8 km
*Schleusen:* keine
*Geringste Durchfahrtshöhe:* 4,50 m
*Wassertiefe:* 1,90 m
*Zulässige Höchstgeschwindigkeit:* 6 km/h
*Tankstellen am Wasser:* keine.

## Oranienburger Kanal

**Mündung in den Oder-Havel-Kanal bis Kreuzkanal**

*Länge:* 8 km
*Schleusen:* 1 (Schleuse Pinnow; km 22,6)
*Geringste Durchfahrtshöhe:* 3,20 m
*Wassertiefe:* 1,40 m
*Zulässige Höchstgeschwindigkeit:* 6 km/h
*Tankstellen am Wasser:* keine.

## Ruppiner Gewässer

**Mündung in den Oranienburger Kanal über Lindow bis Seebeck**

*Länge:* 71,4 km
*Schleusen:* 4

| Schleuse | km | UKW-Kanal |
|---|---|---|
| Tiergarten | 2,0 | |
| Hohenbruch | 7,1 | |
| Altfriesack | 29,1 | |
| Altruppin | 45,4 | |

*Geringste Durchfahrtshöhe:* 3,10 m
*Wassertiefe:* 1,30 m; ab Lindow nur 1,00 m
*Zulässige Höchstgeschwindigkeit:* 8 km/h; auf Seen 12 km/h; auf dem Ruppiner See 25 km/h
*Tankstellen am Wasser:* keine.

## Fehrbelliner Wasserstraße

**Mündung in die Ruppiner Gewässer bis Fehrbelliner Wehr**

*Länge:* 17,5 km
*Schleusen:* 1 (Schleuse Hakenberg; km 8,9)
*Geringste Durchfahrtshöhe:* 3,50 m
*Wassertiefe:* 1,20 m
*Zulässige Höchstgeschwindigkeit:* 8 km/h
*Tankstellen am Wasser:* keine.

## Oranienburger Havel

**Mündung in den Oder-Havel-Kanal bis Schleuse Sachsenhausen (zerstört)**

*Länge:* 3,6 km
*Schleusen:* keine
*Geringste Durchfahrtshöhe:* 4,30 m
*Wassertiefe:* 1,75 m
*Zulässige Höchstgeschwindigkeit:* 6 km/h
*Tankstellen am Wasser:* keine.

## Finowkanal

**Abzweigung aus dem Oder-Havel-Kanal bis Mündung in den Oder-Havel-Kanal**

*Länge:* 32 km
*Schleusen:* 12

| Schleuse | km | UKW-Kanal |
|---|---|---|
| Ruhlsdorf | 59,2 | |
| Leesenbrück | 61,1 | |
| Grafenbrück | 63,3 | |
| Schöpfurth | 67,5 | |
| Heegermühle | 71,0 | |
| Wolfswinkel | 72,9 | |

| Schleuse | km | UKW-Kanal |
|---|---|---|
| Drahthammer | 73,9 | |
| Kupferhammer | 75,9 | |
| Eberswalde | 77,9 | |
| Ragöse | 81,0 | |
| Stecher (außer Betrieb) | 84,4 | |
| Liepe | 88,9 | |

*Geringste Durchfahrtshöhe:* 3,85 m
*Wassertiefe:* 1,20 m
*Zulässige Höchstgeschwindigkeit:* 6 km/h
*Tankstellen am Wasser:* keine.

## Werbelliner Gewässer

**Mündung in den Oder-Havel-Kanal bis Ende Werbellinsee**

*Länge:* 16,7 km
*Schleusen:* 2

| Schleuse | km | UKW-Kanal |
|---|---|---|
| Rosenbeck | 6,1 | |
| Eichhorst | 8,7 | |

*Geringste Durchfahrtshöhe:* 4,00 m
*Wassertiefe:* 1,20 m
*Zulässige Höchstgeschwindigkeit:* 6 km/h
*Tankstellen am Wasser:* keine.

## Wriezener Alte Oder

**Mündung in die Havel-Oder-Wasserstraße bis Bralitz**

*Länge:* 2,5 km
*Schleusen:* keine
*Geringste Durchfahrtshöhe:* 3,40 m
Wassertiefe: 2,00 m
*Zulässige Höchstgeschwindigkeit:* 6 km/h
*Tankstellen am Wasser:* keine.

## Hohensaaten-Friedrichsthaler-Wasserstraße

**Westschleuse Hohensaaten bis Mündung in die Westoder**

*Länge:* 42,5 km
*Schleusen:* 1 (Schleuse Hohensaaten West; km 92,5; UKW-Kanal 20)
*Geringste Durchfahrtshöhe:* 4,40 m
*Wassertiefe:* 2,00 m bei 100 cm Pegel an der Westschleuse
*Zulässige Höchstgeschwindigkeit:* 6 km/h
*Tankstellen am Wasser:* keine.

## Schwedter Querfahrt

**Verbindung zwischen Oder und Hohensaaten-Friedrichsthaler-Wasserstraße**

*Länge:* 3,5 km
*Schleusen:* 1 (Schleuse Schwedt; km 0,4; UKW-Kanal 79)
*Geringste Durchfahrtshöhe:* kein Hindernis
*Wassertiefe:* wasserstandsabhängig
*Zulässige Höchstgeschwindigkeit:* 6 km/h
*Tankstellen am Wasser:* keine.

## Spree-Oder-Wasserstraße

**Mündung in die Havel (Berlin-Spandau) bis zur Oder (Eisenhüttenstadt)**

*Länge:* 130 km
*Schleusen:* 7

| Schleuse | km | UKW-Kanal |
|---|---|---|
| Charlottenburg | 6,3 | 82 |
| Mühlendamm | 17,8 | 20 |
| Wernsdorf | 47,6 | |
| Große Tränke (ständig offen) | 68,7 | |

| Schleuse | km | UKW-Kanal |
|---|---|---|
| Fürstenwalde | 74,7 | |
| Kersdorf | 89,7 | |
| Eisenhüttenstadt | 127,3 | |

*Geringste Durchfahrtshöhe:* 4,00 m
*Wassertiefe:* 1,75 m
*Zulässige Höchstgeschwindigkeit:* 12 km/h (km 0,0 bis 6,3 und 33,3 bis 45,0); 9 km/h (km 23,5 bis 33,3 und 45,0 bis 130,15); 7 km/h (km 6,3 bis 23,5).
*Tankstellen am Wasser:*
**km 23,90 RU (Rummelsburger See):** Bunkerboot „Spree“, nur Diesel. Mo–Fr 6–16 Uhr; Sa und So geschlossen. Tel. 0161–1 31 08 22.
**km 43,10 LU (Schmöckwitz/Langer See):** Tankstelle Elf/Minol, Diesel, Benzin, Super verbleit. Mo, Do, Fr 13–18 Uhr; Sa und So 10–18 Uhr. Di und Mi Ruhetag.
**km 124,80 RU (Eisenhüttenstadt):** Dieseltankstelle. Mo–Fr 7–15 Uhr; Sa und So nach Absprache. Tel. 03364–6 10 19.

## Westhafenkanal

**Abzweigung aus dem Berlin-Spandauer Schiffahrtskanal bis Mündung in die Spree-Oder-Wasserstraße**

*Länge:* 3,05 km
*Schleusen:* keine
*Geringste Durchfahrtshöhe:* 4,60 m
*Wassertiefe:* 2,00 m
*Zulässige Höchstgeschwindigkeit:* 7 km/h
*Tankstellen am Wasser:* keine.

## Charlottenburger Verbindungskanal

**Abzweigung aus dem Westhafenkanal bis Mündung in die Spree-Oder-Wasserstraße**

*Länge:* 1,7 km
*Schleusen:* keine
*Geringste Durchfahrtshöhe:* 4,80 m
*Wassertiefe:* 2,00 m
*Zulässige Höchstgeschwindigkeit:* 7 km/h
*Tankstellen am Wasser:* keine.

## Landwehrkanal

**Mündung in die Spree-Oder-Wasserstraße bis Abzweigung aus der Spree-Oder-Wasserstraße**

*Länge:* 10,7 km
*Schleusen:* 2

| Schleuse | km | UKW-Kanal |
|---|---|---|
| Unterschleuse | 1,7 | 81 |
| Oberschleuse | 10,6 | |

*Geringste Durchfahrtshöhe:* 3,30 m
*Wassertiefe:* 1,65 m
*Zulässige Höchstgeschwindigkeit:* 7 km/h
*Tankstellen am Wasser:* keine.

## Berlin-Spandauer Schiffahrtskanal (mit Hohenzollernkanal)

**Mündung in die Spree-Oder-Wasserstraße (Spandau) bis Abzweigung aus der Havel-Oder-Wasserstraße**

*Länge:* 12,2 km
*Schleusen:* 1 (Schleuse Plötzensee; km 7,5; UKW-Kanal 22)
*Geringste Durchfahrtshöhe:* 4,50 m
*Wassertiefe:* 2,00 m
*Zulässige Höchstgeschwindigkeit:* 7 km/h; oberhalb Plötzensee 12 km/h
*Tankstellen am Wasser:* keine.

## Neuköllner Schiffahrtskanal

**Mündung in den Landwehrkanal bis Abzweigung aus dem Teltowkanal**

*Länge:* 4,1 km
*Schleusen:* 1 (Schleuse Neukölln, km 3,3)
*Geringste Durchfahrtshöhe:* 3,61 m
*Wassertiefe:* 1,75 m
*Zulässige Höchstgeschwindigkeit:* 7 km/h
*Tankstellen am Wasser:* keine.

## Müggelspree

**Mündung in die Spree-Oder-Wasserstraße (Köpenick) bis Abzweigung aus dem Dämeritzsee**

*Länge:* 11,8 km
*Schleusen:* keine
*Geringste Durchfahrtshöhe:* 4,90 m
*Wassertiefe:* 1,70 m
*Zulässige Höchstgeschwindigkeit:* 7 km/h (km 0,0 bis 4,0 und 7,0 bis 11,8); 12 km/h (km 4,0 bis 7,0)
*Tankstellen am Wasser:* keine.

## Dahme-Wasserstraße

**Mündung in die Spree-Oder-Wasserstraße bis Märkisch-Buchholz**

*Länge:* 29 km bis zum offiziellen Ende der Dahme-Wasserstraße (Südspitze Streganzer See), insgesamt 40 km bis Märkisch-Buchholz
*Schleusen:* 3

| Schleuse | km | UKW-Kanal |
|---|---|---|
| Neue Mühle | 9,5 | |
| Prieros | 26,9 | |
| Hermsdorfer Mühle | 34,0 | |

*Geringste Durchfahrtshöhe:* 4,00 m bis Prieros, danach 3,20 m, aber Straßenbrücken in Märkisch-Buchholz nur 2,20 bzw. 2,00 m!
*Wassertiefe:* 1,60 m bis Prieros; 1,20 m weiter aufwärts bis Märkisch-Buchholz
*Zulässige Höchstgeschwindigkeit:* 9 km/h bis Prieros, weiter aufwärts 6 km/h
*Tankstellen am Wasser:* keine.

## Storkower Gewässer

**Mündung in die Dahme-Wasserstraße (Prieros) bis Scharmützelsee**

*Länge:* 33 km
*Schleusen:* 3

| Schleuse | km | UKW-Kanal |
|---|---|---|
| Kummersdorf | 10,3 | |
| Storkow | 15,6 | |
| Wendisch Rietz | 22,7 | |

*Geringste Durchfahrtshöhe:* 3,00 m
*Wassertiefe:* 1,40 m
*Zulässige Höchstgeschwindigkeit:* 9 km/h
*Tankstellen am Wasser:* keine.

## Wernsdorfer Gewässer

**Mündung in den Oder-Spree-Kanal bis Abzweigung aus der Dahme-Wasserstraße**

*Länge:* 6,3 km
*Schleusen:* keine
*Geringste Durchfahrtshöhe:* 4,40 m
*Wassertiefe:* 1,50 m
*Zulässige Höchstgeschwindigkeit:* 12 km/h
*Tankstellen am Wasser:* keine.

## Nottekanal

**Mündung in die Dahme-Wasserstraße (Königs Wusterhausen) bis Mellensee**

*Länge:* 24 km
*Schleusen:* 3

| Schleuse | km | UKW-Kanal |
|---|---|---|
| Königs Wusterhausen | 1,8 | |
| Mittenwalde | 9,7 | |
| Mellensee | 21,5 | |

*Geringste Durchfahrtshöhe:* 1,50 m (Fußgängerbrücke Zossen)
*Wassertiefe:* 1,50 m bis Mittenwalde; oberhalb Mittenwalde 1,20 m
*Zulässige Höchstgeschwindigkeit:* 6 km/h
*Tankstellen am Wasser:* keine.

## Galluner Kanal

**Mündung in den Nottekanal bis Motzen**

*Länge:* 7,9 km
*Schleusen:* 1 (Mittenwalde, km 0,3)
*Geringste Durchfahrtshöhe:* 2,75 m
*Wassertiefe:* 0,90 m
*Zulässige Höchstgeschwindigkeit:* 6 km/h
*Tankstellen am Wasser:* keine.

## Teupitzer Gewässer

**Mündung in die Dahme-Wasserstraße bis Teupitz**

*Länge:* 18,3 km
*Schleusen:* keine
*Geringste Durchfahrtshöhe:* 3,80 m
*Wassertiefe:* 1,40 m
*Zulässige Höchstgeschwindigkeit:* 9 km/h
*Tankstellen am Wasser:* keine.

## Gosener Kanal und Seddinsee

**Abzweig aus der Spree-Oder-Wasserstraße bis Dämeritzsee**

*Länge:* 5,7 km
*Schleusen:* keine
*Geringste Durchfahrtshöhe:* 4,80 m
*Wassertiefe:* 2,00 m
*Zulässige Höchstgeschwindigkeit:* 8 km/h
*Tankstellen am Wasser:* keine.

## Rüdersdorfer Gewässer

**Dämeritzsee bis Ende Stienitzsee**

*Länge:* 14,6 km
*Schleusen:* 1 (Schleuse Woltersdorf; km 3,8)
*Geringste Durchfahrtshöhe:* 4,27 m
*Wassertiefe:* 1,65 m
*Zulässige Höchstgeschwindigkeit:* 9 km/h
*Tankstellen am Wasser:* keine.

## Schiffbare Löcknitz

**Mündung in die Rüdersdorfer Gewässer bis Möllenhorst**

*Länge:* 10,7 km;
*Schleusen:* keine;
*Geringste Durchfahrtshöhe:* 4,30 m;
*Wassertiefe:* 1,25 m;
*Zulässige Höchstgeschwindigkeit:* 7 km/h;
*Tankstellen am Wasser:* keine.

## Obere Spree-Wasserstraße

**Von der Mündung in den Oder-Spree-Kanal bis Schleuse Leibsch**

*Länge:* 58 km
*Schleusen:* 6

*Charterbasis der Firma Pedro-Boat am Zeuthener See.*

| Schleuse | km | UKW-Kanal |
|---|---|---|
| Neuhaus | 2,7 | |
| Beeskow | 16,8 | |
| Trebatsch (ständig offen) | 31,7 | |
| Kossenblatt (z. Zt. gesperrt) | 41,0 | |
| Alt Schadow | 50,1 | |
| Leibsch | 57,7 | |

*Geringste Durchfahrtshöhe:* 2,70 m
*Wassertiefe:* 1,00 m
*Zulässige Höchstgeschwindigkeit:* 6 km/h
*Tankstellen am Wasser:* keine.

# Flüsse

## Westoder

**Von Widuchowa (Fiddichow) bis zur Grenze Deutschland/Polen**

*Länge:* 17,1 km
*Schleusen:* keine
*Geringste Durchfahrtshöhe:* 5,00 m
*Wassertiefe:* 2,00 m
*Zulässige Höchstgeschwindigkeit:* 12 km/h
*Tankstellen am Wasser:* keine.

## Oder

**Von Ratzdorf (südlich von Eisenhüttenstadt/ Beginn des deutsch-polnischen Grenzflusses) nach Norden bis Grenzübergangsstelle Widuchowa (Fiddichow)**

*Länge:* 162 km
*Schleusen:* keine
*Geringste Durchfahrtshöhe:* 4,20 m
*Wassertiefe:* wasserstandsabhängig
*Zulässige Höchstgeschwindigkeit:* unbegrenzt
*Tankstellen am Wasser:* keine.

## Elbe

**Von der tschechischen Grenze bis Abzweig Elbe-Seitenkanal (bei Lauenburg)**

*Länge:* 573 km
*Schleusen:* keine
*Geringste Durchfahrtshöhe:* 5,22 m oberhalb Torgau; 4,56 m unterhalb Torgau
*Wassertiefe:* wasserstandsabhängig
*Zulässige Höchstgeschwindigkeit:* unbegrenzt
*Tankstellen am Wasser:*
**km 60,80 LU (Dresden, Alberthafen):** Esso-Bunkerboot, nur Diesel. Mo–Fr 9–12 und 14–17; Sa und So nach Absprache. Tel. 04861–90 30.
**km 327,20 RU (Magdeburg, Zollelbe):** Marina Elbeboot, Walter Hollenbach, nur Diesel. Mo–Fr 10–18 Uhr; Sa 9–12 Uhr; So nach Absprache. Tel. 0391–56 83 90.
**km 333,60 LU (Magdeburg):** Bunkerboot „Elbe“, nur Diesel. Kein fester Liegeplatz, Terminabsprache wegen Treffpunkt unbedingt erforderlich. Mo–Fr 6–16 Uhr; Sa und So nach Absprache. Tel. 0161–1 31 08 23 oder UKW-Kanal 10.
**km 333,60 LU (Magdeburg, Hafenbecken 1):** Bunkerschiff „BP 92“, nur Diesel. Täglich 6–17 Uhr. Tel. 0161–6 30 33 53.

## Saale

**Von der Mündung in die Elbe bis zur Unstrutmündung bei Naumburg (Ende der Schiffbarkeit)**

*Länge:* 124,16 km
*Schleusen:* 17

| Schleuse | km | UKW-Kanal |
|---|---|---|
| Calbe | 19,5 | |
| Bernburg | 36,1 | |
| Alsleben | 50,3 | |
| Rothenburg | 58,7 | |
| Wettin | 70,4 | |
| Trotha | 89,2 | |
| Gimritz | 92,6 | |
| Halle | 93,7 | |
| Böllberg | 95,8 | |
| Planena | 104,4 | |
| Meuschau | 113,5 | |
| Rischmühle | 115,2 | |
| Bad Dürrenberg | 126,2 | |
| Weißenfels-Herrenmühle | 141,0 | |

| Schleuse | km | UKW-Kanal |
|---|---|---|
| Weißenfels-Brückenmühle | 142,5 | |
| Weißenfels-Beuditz | 143,2 | |
| Leißling | 150,6 | |

*Geringste Durchfahrtshöhe:* 3,70 m auf der Bundeswasserstraße von der Elbmündung bis Schleuse Böllberg. 2,80 m oberhalb Schleuse Böllberg bis zum Ende der Bundeswasserstraße bei km 124,16. 3,76 m auf der Landeswasserstraße oberhalb Bad Dürrenberg.
*Wassertiefe:* wasserstandsabhängig auf der Bundeswasserstraße von der Elbmündung bis km 124,14 (Bad Dürrenberg); ca. 1,50 m oberhalb von Bad Dürrenberg.
*Zulässige Höchstgeschwindigkeit:* 12 km/h
*Tankstellen am Wasser:* keine.

## Unstrut

**Von der Mündung in die Saale bis Artern**

*Länge:* 61,5 km
*Schleusen:* 7

| Schleuse | km | UKW-Kanal |
|---|---|---|
| Freyburg | 5,2 | |
| Zeddenbach | 7,1 | |
| Laucha | 13,4 | |
| Tröbsdorf | 21,2 | |
| Wendelstein | 43,9 | |
| Ritteburg | 57,7 | |
| (Wehr gebrochen, Schleuse ohne Wasser!) | | |
| Artern | 61,5 | |

*Geringste Durchfahrtshöhe:* 3,50 m
*Wassertiefe:* Bis zur ehemaligen Schleuse Karsdorf (Höhe Nebra) ca. 1 m. Oberhalb Karsdorf wasserstandsabhängig, unter günstigen Bedingungen bis 0,5 m.
*Zulässige Höchstgeschwindigkeit:* 12 km
*Tankstellen am Wasser:* keine.

# Westdeutsche Wasserstraßen

## Trave

**Abzweig aus der Kanaltrave bis Mündung in die Ostsee (Travemünde)**

*Länge:* 22 km
*Schleusen:* keine
*Geringste Durchfahrtshöhe:* 21,00 m
*Wassertiefe:* 8,00 m
*Zulässige Höchstgeschwindigkeit:* 12 km/h vom Tonnenpaar 3/4 bis Leuchtpfahl 8 und oberhalb Leuchtpfahl 20; 15 km/h von Leuchtpfahl 8 bis 20
*Tankstellen am Wasser:*
**Travemünde-Fischereihafen:** Tankstelle Margret Martin, Diesel und Super bleifrei. Mo-So 8–18 Uhr; abends an der Straßentankstelle (30 m) fragen. Tel. 04502–52 71.
**Travemünde-Priwall:** Tankstelle Wolfgang Hinz, Diesel, Benzin, Super bleifrei.
Mo–So 9–18 Uhr. Tel. 04502–23 51.

## Stadttrave

**Abzweigung aus der Kanaltrave bis Mündung in die Trave**

*Länge:* 2,5 km
*Schleusen:* keine
*Geringste Durchfahrtshöhe:* 2,50 m (2,90 m bei geöffneter Drehbrücke)
*Wassertiefe:* 2 m
*Zulässige Höchstgeschwindigkeit:* 6 m
*Tankstellen am Wasser:* keine.

## Elbe-Lübeck-Kanal

**Abzweigung aus der Elbe (Lauenburg) bis Lübeck**

*Länge:* 67 km
*Schleusen:* 7

| Schleuse | km | UKW-Kanal |
|---|---|---|
| Lauenburg | 59,9 | 22 |
| Witzeeze | 50,4 | 79 |
| Donnerschleuse | 20,7 | 79 |
| Behlendorf | 16,5 | |
| Berkenthin | 13,3 | |
| Krummesse | 8,5 | |
| Büssau | 3,4 | 78 |

*Geringste Durchfahrtshöhe:* 4,40 m
*Wassertiefe:* 2,00 m
*Zulässige Höchstgeschwindigkeit:* 10 km/h
*Tankstellen am Wasser:* keine.

## Elbe-Seitenkanal

**Abzweigung aus dem Mittellandkanal bis Mündung in die Elbe (Artlenburg)**

*Länge:* 115 km
*Schleusen:* 1; 1 Schiffshebewerk

| Schleuse | km | UKW-Kanal |
|---|---|---|
| Uelzen | 60,6 | 18 |
| Hebewerk | | |
| Scharnebeck | 106,2 | 20 |

*Geringste Durchfahrtshöhe:* 5,25 m
*Wassertiefe:* 2,70 m
*Zulässige Höchstgeschwindigkeit:* 12 km/h
*Tankstellen am Wasser:*
**km 38,71 Ostufer (Hafen Wittingen):** Oel-Hinze KG, nur Diesel. Mo–Fr 6–15 Uhr; abends und am Wochenende nach Absprache. Tel. 05831–2 92 00.

## Mittellandkanal

**Vom Abzweig des Elbe-Seitenkanals (km 233,7) bis zur Mündung in den Rothenseer Verbindungskanal (km 320,0)**

*Länge:* 86,3 km
*Schleusen:* 1 (Schleuse Sülfeld; km 236,7; UKW-Kanal 20)
*Geringste Durchfahrtshöhe:* 4,00 m
*Wassertiefe:* 2,20 m
*Zulässige Höchstgeschwindigkeit:* 12 km/h
*Tankstellen am Wasser:* keine.

## Rothenseer Verbindungskanal

**Vom Abzweig aus dem Mittellandkanal bis zur Mündung in die Elbe**

*Länge:* 5,2 km
*Schleusen:* Schiffshebewerk Rothensee; km 320,5; UKW-Kanal 79
*Geringste Durchfahrtshöhe:* 4,50 m
*Wassertiefe:* wasserstandsabhängig
*Zulässige Höchstgeschwindigkeit:* 9 km/h
*Tankstellen am Wasser:* keine.

# Deutschland unterm Kiel

**Deutsche Binnenreviere haben viel zu bieten – lauschige Ankerplätze, atemberaubende Panoramen, Steilufer und Schilfgürtel voller Leben, Wälder bis ans Ufer, fast unberührte Labyrinthe miteinander verbundener Seen, natürliche Flußläufe und kunstvoll gebaute Kanäle, romantische Wasserwege zwischen Weinbergen, Barockkirchen, Burgen und Kulturstädten. Deutschland ist also immer einen Binnentörn wert.**

**Die Mosel mit Saar**
*184 Seiten, 88 Streckenpläne, 37 Fotos; DM 54,– / öS 399,– / sFr 52,–*
*ISBN 3-89225-319-6*

**Vom Rhein zur Nord- und Ostsee**
*256 Seiten, 95 Übersichts- und Streckenkarten, 70 Hafenpläne, 129 Fotos; DM 58,– / öS 429,– / sFr 56,–*
*ISBN 3-89225-249-1*

**Von der Elbe zur Müritz**
*136 Seiten, 55 Pläne, 53 Fotos; DM 49,80 / öS 370,– / sFr 48,80*
*ISBN 3-89225-256-4*

**Main, Main-Donau-Kanal, Donau**
*220 Seiten, 168 Pläne, 132 Fotos; DM 54,– / öS 399,– / sFr 52,–*
*ISBN 3-89225-254-8*

**Gewässerkarte Deutschland**
*Süd: Mosel, Rhein, Donau, Bodensee; 32 Seiten, 1 Faltkarte, 20 Fotos; DM 24,80 / öS 189,– / sFr 24,80*
*ISBN 3-89225-343-9*

**Außerdem in unserem Verlagsprogramm:**

**Nebenflüsse der Elbe**
*216 Seiten, 115 Pläne, 112 Fotos; DM 54,– / öS 399,– / sFr 52,–*
*ISBN 3-89225-238-6*

**Von der Elbe nach Berlin**
*256 Seiten, 115 Pläne, 55 Fotos; DM 54,– / öS 399,– / sFr 52,–*
*ISBN 3-89225-277-7*

**Die Elbe mit Saale**
*200 Seiten, 220 Pläne, 60 Fotos; DM 49,80 / öS 370,– / sFr 48,80*
*ISBN 3-89225-257-2*

**Die Donau**
*208 Seiten, 75 Pläne, 110 Fotos; DM 49,80 / öS 370,– / sFr 48,80*
*ISBN 3-89225-267-X*

**Von Berlin zur Müritz**
*144 Seiten, 37 Pläne, 55 Fotos; DM 49,80 / öS 370,– / sFr 48,80*
*ISBN 3-89225-278-5*

**Gewässer in und um Berlin**
*56 Seiten, 1 Faltkarte, 10 Fotos; DM 24,80 / öS 189,– / sFr 24,80*
*ISBN 3-89225-300-5*

**Gewässerkarte Müritz**
*24 Seiten, 1 Faltkarte, 13 Fotos; DM 24,80 / öS 189,– / sFr 24,80*
*ISBN 3-89225-328-5*

**Hafenführer Bodensee**
*152 Seiten, 85 Pläne, 65 Fotos; DM 49,80 / öS 370,– / sFr 48,80*
*ISBN 3-89225-237-8*

**Die Weser**
*216 Seiten, 62 Karten, 45 Fotos; DM 54,– / öS 399,– / sFr 52,–*
*ISBN 3-89225-171-1*

**Der Rhein**
*200 Seiten, 95 Pläne, 60 Fotos; DM 58,– / öS 429,– / sFr 56,–*
*ISBN 3-89225-270-X*

**Binnengewässer zwischen Elbe und Oder**
*296 Seiten, 100 Pläne, 150 Fotos; DM 54,– / öS 399,– / sFr 52,–*
*ISBN 3-89225-214-9*

**Gewässerkarte Deutschland**
*Nordost: Elbe – Oder*
*32 Seiten, 1 Faltkarte, 20 Fotos; DM 24,80 / öS 189,– / sFr 24,80*
*ISBN 3-89225-341-2*

Preisänderungen vorbehalten.

**Falls Sie mehr wissen wollen, fordern Sie bitte das aktuelle Gesamtverzeichnis an bei:**
**Edition Maritim**
**Stubbenhuk 10**
**D-20459 Hamburg**

**Edition Maritim**